Preface

The death of a language is frequently accompanied by a litany of regrets. Progress runs too fast, it is said, and people are oblivious to change. For instance, there were probably close to 2,000 aboriginal languages in what is known today as Latin America, of which around 600 still remain. Their disappearance is no doubt a tragedy.

In contrast, the birth of a new language, ironically, is often greeted with animosity and discomfort, not to say mistrust.

For all intents and purposes, Spanglish is not yet a language. It doesn't yet have a standardized grammar. And spelling is unstable. Yet this hybrid tongue is spoken by millions across the Americas, more assiduously in the United States, which includes the second-largest concentration of Hispanics around the globe. There are dozens of varieties, not exclusively defined by national background (Chicano, Nuyorican, Cubonics, Dominicanish, etc.). They are also shaped by the age, race, and education of the user, as well as by the arrival at the time of immigration.

The base of Spanglish is often, though not always, Spanish. The three most salient characteristics in a fluent speaker are code-switching (a back-and-forth from Spanish to English), simultaneous translation, and the coining of neologisms. (See my book *Spanglish: The Making of a New American Language* [2002]).

This translation of *Le Petit Prince* exemplifies the way Spanglish has been "normalized" in the new millennium. It uses a neutral form that results from the convergence of multiple varieties and is commonly used in the media (print, radio, TV, and the Internet).

Translation, it goes without saying, is about appropriation. At its "official" birth in the mid-seventies, Spanglish was derided as "a language of dogs." In time it has been upgraded to the ignoramus. But with its growth have come along bestselling novels, children's stories, poetry, political speeches, even liturgy written in it, proof—as of any were needed—that the ignoramus has a soul.

Unlike previous renditions into Spanglish of classics I have done—*Don Quixote* and *Hamlet*, for instance—the source text by Antoine de Saint-Exupéry is relatively modern (it was released in 1943), thus requiring a different strategy than those needed for a book several centuries old. It is neither about bringing a piece from the past to the present, nor about making the reader travel to that past. Rather it is about making a beloved contemporary classic feel utterly new and accessible to a different group of readers who deserve it in their own tongue. — I. S.

El Little Príncipe

Prefacio

La muerte de una lengua es acompañada frecuentemente por una letanía de lamentos. El progreso va demasiado rápido, se dice, y la gente es alérgica al cambio. Por ejemplo, hubo acaso cerca de 2,000 lenguas indígenas en lo que ahora llamamos América Latina, de las cuales quedan ahora solo unas 600. Su desaparición es sin duda trágica.

En contraste, el nacimiento de una nueva lengua, irónicamente, es recibido con rencor y molestia, por no decir incredulidad.

El espanglish no es aún un lenguaje en el sentido propio del término. No tiene una gramática estandarizada. Y su ortografía es inestable. Sin embargo, este idioma híbrido es usado por millones de hablantes en las Américas, en especial en los Estados Unidos, que contiene a la segunda concentración de gente de origen hispánico en el planeta. Hay docenas de variedades, no definidas sólo por la extracción nacional (Chicano, Noyorican, Cubonics, Dominicanish, etc.). También están formadas por la edad, la raza y la educación del hablante, así como por el momento de llegada como inmigrante.

La base del espanglish es a menudo, aunque no siempre, el español. Las tres características más sobresalientes en un hablante es el cambio de códigos (de ida y regreso del castellano al inglés), la traducción simultánea y la formación de neologismos. (Véase mi libro *Spanglish: The Making of a New American Language* [2002]).

Esta traducción de *Le Petit Prince* ilustra el modo en que el espanglish se ha "normalizado" en el nuevo milenio. Usa una forma neutral que resulta de la convergencia de múltiples variantes y es empleada regularmente en los medios (impresos, radio, TV y en el Internet).

Toda traducción, sobra decirlo, es una apropiación. En su nacimiento "oficial" en los setenta, el espanglish fue ridiculizado como "una lengua de perros". Con el tiempo esa ubicación ha sido actualizada a los ignorantes. Pero el nuevo milenio ha traído consigo novelas populares, libros infantiles, poesía, discursos políticos y hasta liturgia escrita en ella, prueba contundente—como si hiciera falta—que el ignorante tiene alma.

A diferencia de interpretaciones previas al espanglish que he hecho de los clásicos—*Don Quijote* y *Hamlet*, digamos—el texto de Antoine de Saint-Exupéry es relativamente moderno (fue publicado en 1943), requiriendo pues una estrategia diferente que la necesitada para un libro de varios siglos de edad. No se trata de llevar al presente una pieza del pasado, o de hacer viajar al lector a ese pasado. Más bien he querido que este amado clásico contemporáneo se sienta del todo nuevo y que sea accesible a un grupo de lectores diferentes que lo merecen en su propio idioma. *I. S.*

Yo creo que él se latcheó a un flight de inmigrantes pájaros pa' hacer su escape.

ANTOINE DE SAINT-EXUPÉRY

El Little Príncipe

Con las illustrationes del autor

Transladado al Spanglish del original Francés
por
Ilan Stavans

Edition Tintenfaß

© 2016 Edition Tintenfaß
69239 Neckarsteinach, Germany
Tel. / Fax: +49 – 62 29 – 23 22
www.verlag-tintenfass.de
info@verlag-tintenfass.de

Designado por: τ-leχıs · O. Lange, Heidelberg
Printeado por: Masthof Press, Morgantown/PA, USA

ISBN 978-3-946190-43-1

A LÉON WERTH

Pido apologies a los children por dedicarle este book a un grown-up. Pero tengo una good excusa: este grown-up es el best amigo I have ever tenido. Yo tengo otra excusa también: este grown-up entiende everythin, hasta books pa' children. Y tengo una third excuse: este grown-up vive en Francia, where él tiene hambre and frío and necesita to be comforted. Yo quiero dedicar este book al niño que este grown-up once fue. Todos los grown-ups fueron once niños (pero la mayoría lo ha olvidado). So voy a alterar mi dedicatión:

A Léon Werth,
el little niño que was

I

Cuando yo tenía seis años, encontré un beautiful dibujo en un book llamado *True cuentos* sobre una jungle. El book mostraba una boa constrictora tragándose un wild animal. Esta es la copia del dibujo.

El book decía: 'La boa constrictora se traga sus presas whole, sin masticarlas. Después ellas son incapaces de movimiento. Después ellas sleep por seis meses while hacen la digestión.'

That me puso a pensar sobre todas las cosas que están en la jungle, y, con una crayola, yo hice mi primer dibujo. Lo llamé drawin número uno. Él looked así:

Le mostré mi masterpiece a los grown-ups y les pregunté si ellos creían que lo que veían era scary.

Respondieron: 'Qué puede ser tan scary sobre este hat?'

Pero mi dibujo no era un hat. Era una boa constrictora digesteando un elephant. So entonces dibujé el inside de la boa, pa' ayudar a los grown-ups a entender mejor. Así se veía mi dibujo número dos:

Los grown-ups me me dijeron que olvidara elephants dentro de boas constrictoras y concentrarme mejor en geography, historia, arithmetic y gramática. Which is por qué, at la edad de seis, viendo que mi dibujo número uno y mi dibujo número dos habían sido such a desastre, renuncié a una gloriosa carrera como un artista. Los grown-ups nunca entienden anythin por su cuenta y es una nuisance pa' los niños tener que explicar las cosas otra vez.

So yo tuve que escoger otra profesión, y yo aprendí a ser un piloto. Volé al around el mundo. And es verdad que geography came in muy valiosamente pa' mí. Yo podía decir la diferencia entre China y Arizona de un solo glance. Lo que es very útil, if tu pierdes tu camino at night.

A través de los years, yo he conocido lots of personas sensibles y he gastado mucho tiempo viviendo en el mundo de los grown-ups. Los he visto desde close quarters, which has done nada pa' que yo cambie mi opinión de ellos.

Whenever yo conozco un grown-up who parece fairly inteligente, yo lo pongo a prueba con mi dibujo número uno, which siempre lo he guardado, pa' así saber si en verdad él es perceptive. But él siempre responde: 'Es un hat.' So en lugar de talkin a él sobre la boa constrictora o sobre la jungla o sobre las stars, yo voy a su nivel y discuto con él bridge, golf, la política o las corbatas. Y los grown-ups siempre están delighted de toparse con such a razonable hombre.

II

And entonces yo viví alone, con nadie con quien pudiera hablar, hasta seis años atrás cuando mi avión se descompuso en el Desierto del Sahara. Y yo no tenía un mechanic conmigo, o ningún pasajero, por lo que yo tenía que hacer un complicated arreglo de engine por mi cuenta. Mi vida depended de esto, since yo apenas tenía suficiente agua que would last me una semana.

La first noche, me acosté en el ground and me quedé asleep, millas y millas lejos de cualquier livin alma. Yo estaba más cut off que un barco adrifteando en el middle del océano. So seguramente podrás imaginarte mi astonishment cuando yo fui awekeado en el daybreak por una funny little voz que decía: 'Please, puedes dibujarme un little cordero!'

'Qué!'

'Dibújame un little cordero...'

Pronto salté to mis pies como si hubiera sido struck by lightin. Me froté los ojos y miré. And ví el más extraordinario little fellow estudiándome intensamente. Esta es la mejor portrait que yo have been able to dibujar de él desde entonces.

Of supuesto este dibujo no es nearly tan delightful como el original. Esa es mi faulta. Los grown-ups pusieron un stop a mi carrera de artista cuando yo tenía seis años y desde entonces no había dibujado más que dos boas constrictoras.

Yo lo miré con admiración. Remember que yo estaba millas y millas de cualquier livin alma. But mi little fellow no se veía lost. Tampoco se veía weak con exhaustión, o hambriento, o thirsty, o frekeado. De ningún modo se veía como a niño perdido en el middle del desierto millas y millas de cualquier livin alma. When por fin encontré mi voz, le dije: 'What diablos estás haciendo aquí?'

Él repitió, muy quietmente, as if ese fuera un matter de utmost seriedad: 'Por favor, puedes dibujarme un little cordero?'

Here yo estaba, millas y millas de cualquier livin alma y con mi vida en danger. Pero estaba tan bafeado que yo lastimosamente accedí a hacer lo que él me pidió. Saqué una pluma y un paper de mi pocket. Luego yo remembré que yo había estudiado geography, historia, arithmetic y gramática. Le dije al little fellow (somewhat irritado) que yo no podía dibujar. Y él replicó: 'No importa. Dibújame un little cordero.'

Yo nunca había dibujado una pictura de un cordero, así que le presenté a él uno de los only dos dibujos que yo tenía: el de la boa

Esta es la mejor portrait que yo have been able to dibujar de él desde entonces.

constrictora vista desde el outside. Y quedé astoundeado cuando oí al little fellow decir: 'No! No! Yo no quiero un elephant adentro de una boa. Una boa es muy dangerous y un elephant takes mucho espacio. Mi lugar es tinito. Yo necesito un cordero. Dibújame un pequeño cordero.'

Entonces se lo dibujé.

Él escrutinó mi esfuerzo y dijo: 'No! Ese dibujo looks muy very sicko. Dibújame otro.'

Le dibujé otro.

Mi little friend sonrió undulgentemente. 'No puedes ver...? Ese no es un cordero. Es un carnero. Tiene cuernos.'

Así que yo empezé all over otra vez.

Pero again, él rechazó lo que le di: 'Este animal es too viejo. Yo quiero un cordero que pueda vivir por mucho tiempo.'

Yo estaba con prisa de empezar a estripear la engine y mi paciencia se estaba haciendo thin. Le hice un sketch así:

Y le dije: 'Ese es el crate. Ese cordero que tú quieres está inside.'

Quedé astonisheado al ver que la cara de mi little crítico se encendía: 'That's exactamente lo que yo quería! Crees que el cordero necesitará a lot of pasto?'

'Why?'

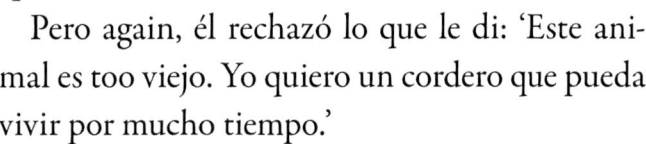

'Because mi place es tinito.'

'Estoy seguro que tendrá suficiente. Te dibujé un little cordero.'

Él miró más closemente el dibujo. 'No tan little... Oh mira!' Él ya se había quedado dormido.

Es así como hice el acquaintance del little príncipe.

III

Me llevó ages entender de dónde venía el little príncipe. Él me hizo muchas preguntas pero nunca parecía escucharme. Yo gradualmente construí su historia de cosas extrañas que él me decía. Por instancia, cuando él first vio mi plane (no puedo dibujarlo, no puedo dibujar nada so complicado) él me askeó: 'What es esa thing?'

'No es una thing. Puede volar. Es un plane. Es *mi* plane.'

Estaba por decirle que yo soy un piloto y que vuelo planes.

Entonces él exclamó: 'What! Te caíste del sky?'

'Yes,' le repliqué modestamente.

'Oh! Eso es funny.'

El little príncipe dio una sonrisa tinkleada que yo encontré muy an-

noyin. Yo esperaba que los people tomaran mis troubles en serio.

Entonces él agregó: 'So tú caíste del sky too! De qué planet eres?'

Suddenmente me dí cuenta que él estaba dándome una clue importante as to his mysteriosa aparición. Le dije: 'Tu eres de otro planet, o qué?'

Pero él no replayó. Él seguía estudiando mi plane. Gentlemente asentó su cabeza: 'Of claro, tú no debes haber venido de muy lejos en esa thing.'

Y se quedó lost en sus persamientos por un while. Then él sacó mi dibujo del cordero de su pocket y lo examinó como un treasure.

Puedes imaginarte cuán intrigado yo estaba by esta alusión a other planets.

Investigué más a fondo: 'De dónde you come from, little hombre? Dónde es "tu place"? Adónde tú quieres llevar mi cordero?'

Él pondereó por un while y luego replayó: 'The buena thing about el crate es que en la night puede convertirse en su casa.'

'Exactamente. And si te portas bien, te voy a dar una rope pa' que lo amarres durante el día. Y una stake.'

El little príncipe se veía shockeado. 'Amarrarlo a él? What a strange thing pa' hacer!'

'But si tú no lo amarras, él se va a wanderear por todo el place y se puede get lost.'

El little príncipe en Asteroid B612

Mi little amigo estalló laugheando otra vez: 'But adónde would él irse?'

'Anywhere. Él va a seguir su nariz.'

Entonces el little príncipe remarcó solemnemente: 'It wouldn't importar. Mi lugar es tinico.'

Y agregó wistfulmente: 'Si sigues tu nariz, tú puedes ir muy far.'

IV

Entonces yo aprendí somethin distinto de gran importancia: que el lugar that él came from was casi más big que una casa!

Yo no necesitaba to be tan sorprendido. Yo sabía very well que apart de los big planets como Earth, Júpiter, Marte y Venus, que tienen names, hay hundreds otros which son sometimes tan pequeños que they solamente pueden set vistos a través of a telescopio. Cuando un astrónomo discovers uno new, le da un número en lugar de un nombre. Él lo llama 'Asteroid 325,' for ejemplo.

Tengo buena razón pa' pensar que el planet del little príncipe era Asteroid

 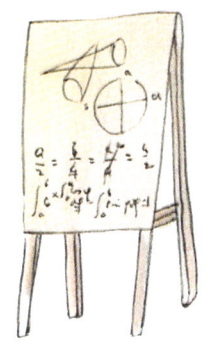

B612. Este asteroid ha sido glimpseado solamente una vez through un telescopio, y eso fue por un turco astrónomo en 1909.

Él gave una impressive presentación de su discovery en una international astronomía conferencia. Pero nadie believed him por la manera en que él dessed up. Así es como son los grown-ups.

Luckymente pa' el Asteroid B612, un Turco dictador made que sus people dressed con European estilo, on amenaza de death. Usando un very elegante traje, el astrónomo dio su presentatión again, en 1920. This time todos estaban convinced.

La razón por la que yo relaté la anécdota sobre el Asteroid B612 y di su número es por los grown-ups. A los grown-ups les encantan los numbers. Cuando les cuentas a ellos algo about un nuevo amigo, ellos nunca hacen las preguntas importantes. Nunca dicen: 'Cómo suena su voz? Cuáles son sus games favoritos? Él colecciona mariposas?' En su lugar, ellos preguntan: 'Cuántos años tiene? How many hermanos y hermanas tiene? Cuánto pesa? How much gana su father?' Only entonces ellos creen que lo conocen. Si tú says a los grown-ups: 'Yo ví una beautiful pink

 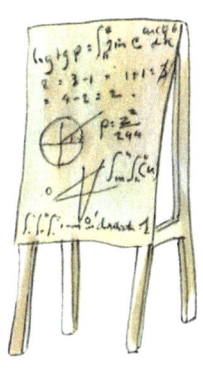

casa de ladrillo con geraniums en los sills de la ventana y doves en el techo,' ellos no pueden visualizarla. Tu tienes que decir: 'Yo ví una casa worth un millón.' Entonces ellos se maravillan: 'Qué lovely casa!'

En el same way, si les dices: 'El little príncipe really sí existió. Él era delightful y lleno de laughter y él pidió un little cordero. Only a real persona puede querer un cordero,' ellos sacuden sus hombros y te tratan como un child. Pero si les dices: 'El planet que él came from es Asteroid B612,' entonces ellos te toman seriamente y te dejan en paz. Así es just how ellos son. No debes tenerlo en su contra. Los children deben ser very pacientes con los grown-ups.

Pero, of supuesto, los people who understand la vida no son bothered con los números! Yo hubiera querido empezar esta historia como un fairy cuento. Hubiera escrito: 'Había una vez un little príncipe que vivía en un planet no mucho más grande que él mismo. Él was necesitado de un amigo...' Los people que entienden la vida would have encontrado eso mucho más natural.

I don't like el people que take mi book lightemente. I find eso muy painful, stirreando las memorias. Ya son already seis años desde que mi amigo disapareció with el cordero. Yo quiero describírtelo pa' que yo no lo forgetée a él. Es triste olvidarse de un amigo. Not everybody ha tenido an amigo.

Yo no want to convertirme en uno de esos grown-ups que solamente cares por los números. Por eso compré una bolsa de pinturas y crayolas. Es difícil to take up dibujo otra vez a mi edad, cuando todo lo que you have hecho son two dibujos of a boa constrictora digesteando un elephant a la edad de seis años! Of supuesto, voy a hacer mi best pa' crear mis dibujos as vida-like as es posible. Pero yo no estoy sure que voy a lograrlo. Uno de los dibujos es fine, pero el otro es nothin como el little príncipe pa' nada. Yo dibujé su height mal. Aquí el little príncipe es too alto. And en este él is too bajo. También, no estoy seguro de los colores de sus cloths. So yo hago el best que yo puedo. Some veces yo lo hago bien y some veces yo lo hago mal, pero tú tienes que disculparme. Mi little amigo never me dio any explanaciones. Perhaps él pensó que yo era como él. But tristemente, yo no puedo ver corderos inside de crates. Probablemente yo soy un bit como los grown-ups. Yo must have grown viejo.

V

Each día yo aprendí somethin nuevo sobre el planet del little príncipe, su departura o su journey. Él dejó que las cosas slipped afuera gradualmente, in conversación. That was como, en el third día, yo descubrí about el baobab problema.

Once otra vez, fue thanks to el cordero. Out of el azul, el little príncipe me preguntó, como si estuviera troubleado por una seria duda: 'Is it verdad, o no, que los corderos comen shrubs?'

'Sí, es true.'

'Oh, eso es un relief.'

Pero yo no entendía por qué él se preocupaba tanto whether los corderos comían shrubs o no. El little príncipe agregó:

'So eso means que ellos también comen baobabs?'

Yo señalé que los baobabs no son shrubs sino giant árboles, tan big como churches, y que even si él consideraba una whole herdiada de elephants, ellos no eran capaces de demolishear even un baobab.

La idea de una herdiada de elephants made al little príncipe laughearse: 'Ellos necesitarían pararse encima de each other.'

'But antes de que los baobabs grow altos, ellos empiezan por ser pequeños.' Él se había puesto serio otra vez.

'Eso es very verdadero! But por qué quieres que tu little cordero se coma los baby baobabs?'

Él replicó: 'Qué pregunta más silly!' como si fuera obvious. And yo tuve que rack mis brains pa' trabajar out la respuesta pa' myself.

El facto era que en el planet del little príncipe, there había buenas plants y malas plants, as there hay everywhere, y buenos seeds de los buenos plants y malos seeds de los malos plants. Pero los seeds son invisibles. Ellos duermen deep en el soil hasta que uno de ellos feels que hay que estirarse pa' arriba. Then el seed se estrechea y gingermente pushea una charmin, inocente litte shoot hacia el sun. Si es un raddish o un shoot de rush-bush, tú puedes dejarla a ella pa' que crezca en paz. Pero si es un bad plant, tu debes pulearlo pa'

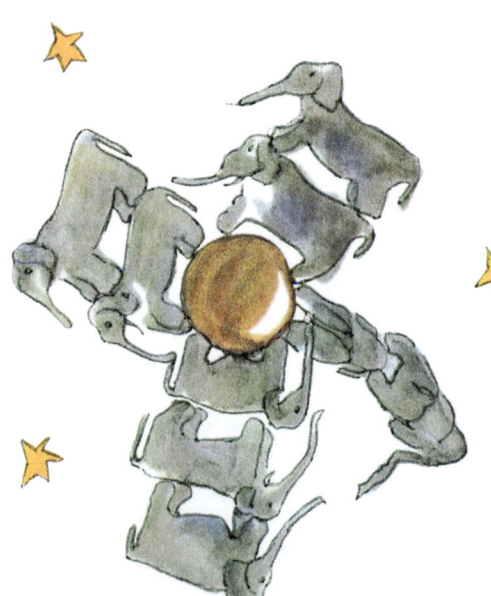

afuera inmediatamente, en el minuto que tú la has identificado. Now había algunos seeds fearsomeantes en el planet del little príncipe—and estos eran los seeds del baobab. La superficie sólida del planet estaba infestada ded ellos. Si tú los dejas mucho tiempo, tú nunca jamás vas a ser capaz de eliminar los árboles de baobab, y vas a overrunearlos a ellos en el entire planet. Sus raíces van a comerse their own espacio, and if el planet es muy small y hay muchos baobabs, lo van a destruir.

'Es algo que tú tienes que hacer every día,' explayó después el little príncipe. 'Una vez que tú hayas brusheado tu cabello y cleaneado tus teeth, tú tienes que limpiar tu planet. Y tienes que pulear los baobabs en el momento en que los reconoces. Ellos se ven just like rose bushes cuando son very jóvenes. Es un borin job pero es muy easy.'

Y él me pidió hacer un special esfuerzo y trazar un beautiful dibujo para poder explicarle a los niños de dónde venía el little príncipe. 'Puede venir muy handy si ellos viajan un día,' él dijo. 'Sometimes no es importante si tu pones off un job pa' más tarde. Pero los baobabs tienen que ser puleados inmediatamente, otherwise ellos causarán un desastre. Yo conozco un planet donde vivía un lazyhuesos. Él ignoró tres shrubs y…'

De la descriptión del little príncipe, yo hice un dibujo de ese planet. Yo hate to prechear, pero muy pocas personas están awareadas de la amenaza de los baobabs, and if alguien se extravía en el asteroid hay muchos hazzards. Por eso yo hice lo que me pidió el little príncipe without argumentar. Yo trabajé very hard en este peculiar dibujo, to warnear a mis amigos de estos hiddeous peligros. Era importante hacer que el mensaje fuera entendido. Niños, cuidado con los baobabs! Tú seguramente te has preguntado por qué no hay other dibujos en este book tan magníficos como los dibujos de los baobabs: traté pero no tuve éxito. But cuando yo dibujé los baobabs, me invadió un sentido de urgencia.

Los árboles de baobab

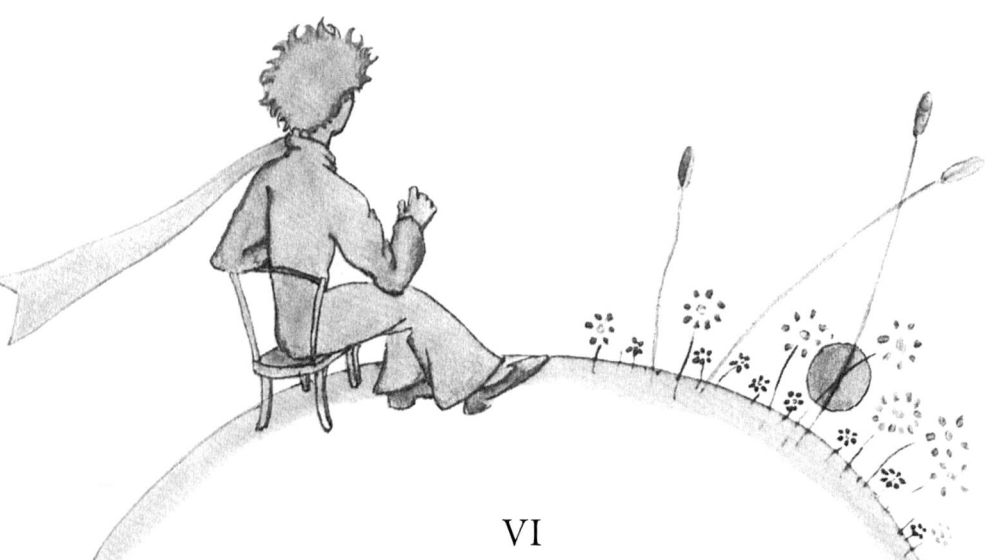

VI

Oh, little príncipe, gradualmente yo empecé a buildear una pictura de tu cheerless vida. For mucho tiempo, tu only distracción eran los beautiful anocheceres. Yo entendí este new nugget de información la mañana del fourth día, cuando tú dijiste: 'I love los anocheceres. Let's go a ver un anochecer.'

'Pero we must esperar.'

'Wait pa' qué?'

'Wait pa' que sol goes down.'

Al principio, tú estabas frekeado y luego te laugheaste y dijiste: 'I keep forgeteando dónde estoy.'

Indeed, era true. Como all of us sabemos, when es midday en América, el sol está settin en Francia. Si tú pidieras viajar rápido a Francia, tú verías el sol go down.

Unfortunadamente, Francia está much too lejos. Pero en tu tinito planet, all tú necesitabas era to swirl tu silla unos pocos inches y tú podías watchear el anochecer whenever tú quisieras.

'Un día yo watchié cuarenta y cuatro anocheres.'

Y un little después, tú agregaste: 'You sabes, cuando a person es very, very triste, a ellos les gustan los anocheceres.'

'Y estabas tú very, very triste ese día en que tú watcheaste cuarenta y cuatro anocheceres?'

El little príncipe no contestó.

VII

En el fifth día, yo me tropecé con otro secreto del little píncipe, otra vez thanks al cordero. Él suddenmente llegó con una question, que él silenciosamente había contemplado por un long tiempo: 'Si el cordero eats shrubs, entonces él también eats flowers?'

'Un cordero come todo lo que él encuentra.'

'Even las plantas con thorns?'

'Sí. Even las plantas con thorns.'

'Pa' qué sirven las thorns entonces?'

Yo no tenía any idea. Estaba ocupado tryin de deshacer un bolt en la engine de mi plane. Me puse muy worried cuando me di cuenta que el damage era muy serio, y mi drinkin agua estaba runnin out rápidamente. Yo esperaba lo peor.

'So pa' qué sirven los thorns?'

Once el little príncipe preguntaba una question, nunca dejaba el matter caerse. Yo estaba exasperado por el testarudo bolt, así que le dije la first cosa que me vino a mi cabeza: 'Los thorns no sirven pa' nada, es solamente las plants que quieren ser mean.'
'Oh!'
But después de un silence, él se bloqueó fuertemente. 'No te creo! Las flowers son frágiles. Ellas son inocentes. Ellas viven del mejor way they can, diciéndose a sí mismas que sus thorns son scary.'
Yo no repliqué.
Right entonces, yo pensé: *Si no puedo deshacer este bolt, necesitaré usar un hammer contra él.*
Otra vez, el little príncipe estaba estresado: 'Y tú cres que las flowers...?'
'No! No! Yo no pienso en nada!' Yo me snapié. 'Yo tengo otros serios matters que atender!'
Él me miró, asombrado.
'Serios matters!'
Me observó mientras me incliné sobre un objeto que él encontró muy ugly. Y estaba gripeando mi hammer, mis dedos black de tanta grasa.
'Tú suenas como los grown-ups!'
Eso me hizo sentir slightemente avergonzado. Él agregó bittermente: 'Tú no entiendes nada, tienes todo muddled up!'
Él really estaba muy angry. Él toseó su golden cabello en el wind: 'Yo conozco un planet donde hay un red-cara man. Él nunca ha olido una flower. Él never ha mirado una star. Él nun-

ca ha amado a nadie. Él nunca ha hecho nada other than sumas. And todo el día, él repite como tú: "Yo tengo serios matters pa' atender! Importante matters!" y eso lo hace a él puffear con pride. Pero él no es un man, él es un puffball!'

'Un what?'

'Un puffball!'

Ahora el little príncipe estaba pálido with anger.

'Las flower han estado haciendo thorns por millones de years. Por millones de years los corderos han estado comiendo flowers despite los thorns. Y no tratan de understand por qué las flowers go a tan mucho problema pa' crecer thorns que no sirven pa' nada? No es la guerra entre corderos y flowers un serio matter? No es serio y más importante que un big, fat, red-cara hombre y sus sumas? And suponiendo que yo sé de una flower que es absolutamente unique, que no se encuentra anywhere sino en mi planet, y que cada minuto esa flower could accidentalmente be comida por un little cordero, acaso that isn't importante?'

Él se puso red y continuó: 'Si una persona loves una flower que es la única de su kind en todo los millones y millones de stars, entonces mirar al noche sky es enough pa' ponerlo happy. Él se dice a sí mismo: "Mi flower está out allá somewhere." Perso si el cordero se come la flower, entonces suddenmente es como si todas las stars hubieran dejado de shinear. Acaso eso no es importante?'

Él estaba muy shokeado y no podía utterar otra word. Entonces él se bursteó en lágrimas. La night había caído. Yo había guardado mis tools. Yo ya no me preocupaba about mi hammer, mi bolt, estar sediento o incluso muriéndome. Allí había frente a mí una star, un planet, el mío, Earth, y el little príncipe necesitaba ser conforteado! Yo puse mi arm alrededor de él y lo abracé, diciéndole: 'La flower que tú loves no está en ningún danger... Yo voy a dibujar un muzzle pa' tu little cordero. Y yo voy a dibujar some protectoras redes pa' tu flower. Yo...'

Yo tenía un loss de palabras. Me sentí muy clumsy. Yo no sabía cómo acceder a él. El mundo de las lágrimas es tan unfathomable.

VIII

Soon yo aprendí más sobre esta flower. En el planet del little príncipet simpre había muy simples flowers con un row de pétalos which tomaban muy poco space y no eran bother pa' nada. Ellos would aparecer un día en el grass, y luego fade la misma evenin. Pero esta flower había spouted un día del seed que había blown en quién sabe de dónde, y el little príncipe había mantenido un ojo cercano en el little shoot que era diferente de los otros shoots. Quizás era un tipo diferente de baobab. Pero el shrob pronto dejó de growin y empezó a producir un flower. Watchin el development del gran bud, el little príncipe tenía el feelin que algo miraculous estaba a punto de appear, pero la flower tomó for siempre preenin a sí misma en el sanctuario de su verde room. Ella chose sus colores con care. Ella se vistió slowlemente, adjustando sus pétalos uno a uno. Ella no quería to appear toda crumble como un poppy. Ella solamente quería to reveal a sí misma en el full bloom de su belleza. Oh sí! Ella era muy vain! Sus mysterios pretentions duraron días y días. Y entonces una mañana, casi cuando el sun estaba raisin, ella se mostró herself.

Y la flower que había hecho such a scrupulosa preprarations, yawneó y dijo: 'Yo solamente me he woken hace un rato... Perdónenme... Mi cabello es still un mess.'

El little príncipe estaba unable de hidear su admiración: 'Tú eres tan beautiful!'

' Yo soy, o no?' replayó la flower softemente. 'Y yo was nacida al mismo tiempo que el sun.'

El little príncipe correctamente guessed que ella no era exactamente modesta, pero era so lovely pa' behold!

'Es hora del breakfast, yo creo,' ella dijo, addeando: 'Would tú kindlemente spare un pensamiento pa' mí?'

Y todo ashameado, el little príncipe fue off a findear un waterin can, lo llenó de cool agua and la poureó sobre la flower.

Ella soon empezó a plaguearlo con su rather prickly vanidad. For ejemplo, un día, hablando sobre sus cuatro thorns, ella le dijo al little príncipe: 'Deja que los tigres vengan con sus claws!'

'No hay any tigres en mi planet,' protestó el little príncipe. 'Y anyway, los tigres no comen el grass.'

'Yo no soy grass,' replicó la flower softemente.

'Disculpa.'

'Yo pa' nada soy afraid de tigres, pero yo no stand draughts. Tú no tienes un screen, o sí?'

Yo no stand draughts... esa es mala suerte pa' una plant, pensó el little príncipe. *La flower es una creatura complicated.*

'En la noche, tú necesitas ponerme under un glass dome. Hace mucho frío en tu planet. Es poorlamente equipado. De donde I come from...'

Pero ella stopped antes de que she reached el end de su sentence. Ella había venido como una seed. Ella no podía saber nada de otros worlds. Embarassada por haber dicho such a childish tontería, ella cougheó un couple of veces, pa' hacer que el little príncipe se sintiera bad. 'What about ese screen?'

'Yo estaba a punto de gettin it pero tú estabas talkin a mí.'
Entonces ella forceó un caugh otra vez pa' hacerlo sentir sorry.

Y pues although él loved a ella y estaba dispuesto a pleasearla, el little príncipe pronto grew wariado de ella. Sus unkind palabras lo habían woundeado y made a él muy unhappy.

'Yo shouldn't haber listeneado a ella,' él me confesó one día. 'Tú nunca debes escuchar a las flowers. Tú debes gazealas y olerlas. Las mías perfumaban el aire of mi planet, pero I wasn't capáz de enjoyarlo. Su talk de claws que tanto me annoyaba should have hacerme sentir sorry por ella.'

Y él me dijo: 'Yo got it todo wrong! Yo debí judgearla por sus acciones, no por sus palabras. Ella filleó mi vida de fragrancia y luz. Yo nunca debí to run lejos! Yo debí realizar que deep adentro ella cared, despite sus ridiculousos tricks. Las flowers son tan contrarias! Pero yo era too joven pa' saber cómo to love a ella.'

IX

Yo creo que él latcheó a un flight de inmigrantes pájaros pa' hacer su escape.

En la mañana de su departura, él puso su planet en buen order. Él carefulmente chimney-barrió los activos volcanos. Había dos activos volcanos which eran muy útiles pa' cocinar breakfast en la mañana. Había también un extincto volcano, pero, como él solía decir, 'Tú never sabes!' y entonces él chimney-barrió el extincto volcano también. Si los volcanos son propiamente barridos, ellos burnean despacio y steadymente, without erupción. Las erupciones de volcanos son como los fires de chimeneas. Of supuesto, here en Earth no somos altos enough pa' chimney-barrer nuestros volcanos. That es por qué ellos nos dan tan muchos problemas.

Feelin slightemente wistful, el little príncipe también pulleó las últimas baobab shoots. Él pensó que él nunca iba a returnear. Pero esa mañana, él encontró todos esos familiares chores muy enjoyables. Y when él watereó la flower por última vez y estaba a punto de ponerla under su protectora dome, él se encontró on the verge de las lágrimas.

'Goodbye,' él le dijo a la flower.

Ella no le replayó.

'Goodbye,' él repitió.

La flower caugheó. Pero no era because de su cold.

'Yo he sido estúpida,' ella dijo at last. 'Please forgive me. Trata de ser happy.'

Él estaba sorprendido de que ella no estaba complainin. Él

Él carefulmente chimney-barrió los activos volcanos.

stood allí holdeando el dome, completamente confuseado. Él no podía comprender su calmed gentileza.

'Yes, yo te quiero,' dijo la flower. 'Tú no tenías ni idea, and esa fue mi fault. Never mind. Pero tú has sido tan estúpido como yo. Trata de ser happy. Leave el dome donde está, yo no lo quiero any more.'

'Qué decir del viento...?'

'Mi cold no está tan bad. El cool noche air me va a hacer good. Yo soy una flower.'

'What sobre los animales...?'

'Yo voy a tener que copear con algunos caterpillars si quiero ver mariposas. Yo he oído que ellas son tan beautiful. De otra manera, quién va a visitarme? Tú vas a estar lejos. Y as far as las grandes bestias, yo no estoy scared. Yo tengo mis claws.'

Ella inocentemente mostró sus cuatro thorns. Entonces ella agregó: 'Deja de hangiar, tú estás subiéndote en mis nerves. Ya te has hecho tu mente, so ándale, vete.'

Ella no quería que él la viera cryin porque ella era such an orgullosa flower.

X

El little príncipe se encontró en la región de asteroids 325, 326, 327, 328, 329 y 330. Empezó por visitarlos a ellos, searcheando somethin pa' hacer y pa' educarse a sí mismo.

El primero asteroid era casa de un rey. Vestido en purple y ermine, él estaba sentado en un muy simple pero majestic throne.

'Ah! Aquí viene un subjecto!' gritó el rey cuando él vió al little príncipe.

Y el little príncipe wondereó: 'Cómo sabe who yo soy since él nunca ha puesto sus ojos en mí?'

Él no realizó que pa' los reyes, el mundo es muy simple. Todos somos sus subjectos.

'Ven closer pa' que pueda verte mejor,' dijo el rey, who estaba contento de ser rey sobre alguien at last.

El little príncipe casteó around pa' sentarse en algún place, pero el planet estaba completamente covered por el espléndido ermine cloak del rey. Entonces él se quedó standin, pero como estaba tired, él empezó a yawnear.

'Son bad maneras to yawnear en la presencia de un rey,' dijo el monarca. 'Yo lo forbideo.'

'No puedo help it,' replayó el little príncipe, avergonzado. 'He viajado un largo way y no he dormido.'

'Well entonces,' dijo el rey, 'yo te comandéo a que yawnées. La verdad es que no he visto a alguien yawnear por years. Los yawns son una curiosidad pa' mí. Go adelante, yawnéa otra vez. Es una order.'

'Ahora me siento shy. No puedo,' dijo el little príncipe, todo flusheado.

'Hmm! Hmm!' replayó el rey. 'Entonces yo... Yo te comandéo a que sometimes yawnées y sometimes no...'

Él hesitó un little.

Porque lo que le importaba al rey era que su authority fuera respetada, él no iba a tolerar la disobediencia. Era un absoluto monarca. Pero como él era also muy kind, sus órdenes eran razonables.

'Si yo lo comandéo...' él often decía, '...si comandeo a que un general se convierta en un sea-pájaro, y el general disobedece, no sería la fault del general. Sería mi fault.'

'Puedo sentarme?' tímidamente venturó el little príncipe.

'Yo te comandéo a que te sientes,' replayó el rey, majésticamente gatherin un fold de sus ermine cloak.

El little príncipe estaba frekeado. El planet era minute. Sobre qué podía el rey posiblemente reignar?

'Your Majestad,' él dijo, 'perdóneme por hacerle una questión...'

'Te comandéo que me hagas una questión,' dijo el rey hastíamente.

'Your Majestad... sobre qué usted reigna?'

'Over todo,' replayó el rey, con gran simplicidad.

'Over todo?'

Con un broad sweep de su mano, el rey indicó su planet, los otros planets y las stars.

'Over todo eso?' preguntó el little príncipe.

'Over todo eso,' replayó el rey.

Pues no solamente era él un absoluto monarca, él también era un universal monarca.

'Y las stars lo obedecen?'

'Of supuesto que sí,' said el rey. 'Ellas obedecen instantáneamente. Yo no tolero la unrulidad.'

Tanto poder dio vértigo al little príncipe. Si él hubiera tenido also así, él habría podido watchear no cuarenta y cuatro sino setenta y dos, o un hundred, or quizás dos hundred anocheceres en un día, sin tener que moverse de su chair! Y, feelin un poco

sick por el pensamiento de su abandonado planet, él fue tan bold como pa' preguntarle al rey por un favor: 'Me gustaría ver un anochecer. Please comandée al sol pa' que it goes down… Pa' mí.'

'Si yo comandéo a un general a flitear de una flower a otra como una mariposa, o a escribir una tragedia, o a convertirse en un sea-pájaro, y si el general disobedece mis órdenes, who would estar en el wrong, él o yo?'

'It would be usted,' dijo el little príncipe con certainidad.

'Correcto. Uno solamente debe pedir de una persona what él puede dar,' el rey continuó. 'La autoridad está basada principalmente en la razón. Si tu comandéas a tus people to ir y tirarse al mar, ellos se van a revoltar. Yo soy entitelado a pedir obediencia because mis órdenes son razonables.'

'What about mi anochecer?' el little príncipe le recordó. Once el little príncipe preguntaba una question, nunca dejaba el matter caerse.

'Tú vas a tener tu anochecer. Yo insistiré en eso. Pero en mi wisdom, yo esperaré a que las condiciones sean favorables.'

'Cuándo será?' inquirió el little príncipe.

'Ahem! Ahem!' replayó el rey, cconsultando un gigante calendario. 'Ahem! Ahem! Será around… around… será esta evenin around veinte minutos pa' las ocho. Y tú verás cómo mis comandos son obedecidos.'

El little príncipe yawneó. Él estaba disappointeado por haber missed su anochecer. Y besides, él estaba ya feelin un little aburrido: 'No hay nada más pa' mí que hacer aquí,' él le dijo al rey. 'Yo voy a set off en mis viajes otra vez!'

'No te vayas,' replayó el rey que estaba tan proud de tener un sujecto. 'No te vayas, voy a hacerte un ministro!'

'Ministro de what?'

'De… de justicia!'

'Pero no hay nadie pa' juzgar!'

'Tú nunca sabes,' dijo el rey. 'Yo todavía no he visitado todas las corners de mi kingdom. Soy muy viejo. No hay lugar pa' un carriage. Y caminar me cansa.'

'Oh! Pero yo ya lo he visto,' dijo el little príncipe, leaneando over pa' catchear otro glimpse del far side del planet. 'No hay nadie allá either.'

'Entonces tú will juzgarte a ti mismo,' replayó el rey. 'Esa es la parte más difícil. Es más difícil juzgarte a ti mismo que juzgar a otros. Si tu suceeds en juzgarte a ti mismo, entonces eres un truly wise hombre.'

'Well, yo...' dijo el little príncipe. 'Yo puedo juzgarme a mí mismo anywhere. Yo no necesito vivir aquí.'

'Ahem! Ahem!' dijo el rey. 'Estoy seguro que hay un ol' rata somewhere. Yo la oigo en la noche. Yo puedes juzgar esa ol' rata. De tiempo en tiempo, tú puedes sentencearla a muerte. De esa manera su vida dependerá de tu decisión. Pero la perdonarás each vez so la rata es speard. Solamente hay una rata.'

'Well, yo...' replayó el little príncipe. 'A mí no me gusta sentencear a nadie to death so yo creo que yo definitivamente me voy.'

'No,' dijo el rey.

El little príncipe estaba listo a retirarse, pero no quería ofender al elderly monarca. 'Si Your Majestad wishes de ser obedecido en esta ocasión, él me podría dar una razonable orden. Él podría, for ejemplo, comandearme a irme antes que termine un minuto. Esta condición me parece favorable.'

El rey no replayó. El little príncipe hesiteó por un momento, y luego, con un sight, se fue.

'Te estoy haciendo mi ambasador,' el rey gritó hastiamente detrás de él.

Tenía un aire de great autoridad.

Los grown-ups en verdad son muy strange, museó el little príncipe, mientras continuaba en sus journeys.

XI

El segundo planet estaba inhabitado por un show-off. 'Aha! Aha! Una visita de un admirador!' gritó el show-off desde afar, en el momento en que vió al little príncipe.

Los show-offs se imaginan que todos aquellos que los visitan deben ser sus admiradores.

'Hello,' dijo el little príncipe. 'Usted tiene un funny hat.'

'Es pa' doffear cuando yo bowdeo,' replayó el show-off. 'Es pa' doffear cuando los people me aplauden. Unfortunadamente, nadie nunca comes por este way.'

'Really?' dijo el little príncipe, perplexo.

'Clap tus manos,' el show-off le ordenó.

El little príncipe clappeó sus manos. El show-off bowdeó modestamente, levantando su hat.

Esto es mucho más fun que mi visita al rey, pensó el little príncipe. Y él

clappeó sus manos otra vez. Y otra vez más el show-off empezó a bowdear y doffeó su hat.

Después de clappear por cinco minutos, el little príncipe se aburrió. 'Qué tengo que hacer pa' que your hat falls off?' preguntó.

Pero el show-off no lo oyó. Los show-offs nada más oyen praise.

'Qué quiere decir "admire"?'

'"Admire" quiere decir reconocer que yo soy el smartest, handsomest, wealthiest y cleverest hombre en el planet.'

'Pero tú estás todo alone en tu planet!'

'Admírame anyway y make me un happy hombre!'

'Yo te admiro,' dijo el lilttle príncipe, con un shrug. 'Pero por qué te importa tanto?'

Y el little príncipe se fue.

Los grown-ups en verdad son muy strange, museó el little príncipe mientras continuaba en sus journeys.

XII

El próximo planet estaba inhabitado por un drunkard. La visita fue muy short, pero ella deeply entristeció al little príncipe.

'Qué estás haciendo?' le preguntó al drunkard, que estaba sittin silentiosamente frente a una colección de botellas, algunas empty y otras full.

'Estoy tomando,' replayó el drunkard, gloomiamente.

'Por qué estás tomando?' preguntó el little príncipe.

'Pa' olvidar,' replayó el drunkard.

'Pa' olvidar qué?,' inquirió el little príncipe, que already se sentía sorry por él.

'Pa olvidar que estoy ashameado,' confesó el drunkard, meneando su cabeza.

'Ashameado de qué?' preguntó el little príncipe, que quería ayudarlo.

'Ashameado de tomar!' terminó el drunkard, sumiéndose into un permanente silencio.

Y el little príncipe se fue, puzleado.

Los grown-ups en verdad son muy strange, museó el little príncipe mientras continuaba en sus journeys.

XIII

El cuarto planet belongueaba a un businessman. Este man estaba tan absorbido en sus asuntos que ni siquiera he looked arriba a la llegada del little príncipe.

'Hello,' dijo el little príncipe. 'Su cigarro está gone out.'

'Tres y dos son cinco. Cinco y siete son doce. Doce y tres quince. Hello. Quince y siete veintidós. Veintidós y seis veintiocho. No hay tiempo pa' relightin it. Veintiseis y cinco treinta y uno. Phew! Eso hace cinco hundred y un millón, seis hundred y veintidós thousand y treinta y uno.'

'Cinco hundred y un millón de qué?'

'Perdón? Estás todavía there? Cinco hundred millón… No puedo remembreame… Tengo tanto trabajo! Soy un hombre muy busy, no hay tiempo pa' messin around. Two y five seven…'

'Cinco hundred y un millón qué?' repitió el little píncipe, que una vez que hacía una question, nunca dejaba que el matter drop.

El businessman glanceó pa' arriba. 'En todos los fifty-four años that yo he vivido en este planet, solamente he sido distur-

beado three veces. La primera vez fue twenty-two años atrás, por mi hornet que vino de yo-no-sé-where. Yo hice un terrible racket and hice four mistakes en una suma. La segunda vez was eleven años atrás, por un ataque de reumatismo—no hago suficiente exercise. No tengo tiempo pa' idlear tampoco, yo deal con serios matters. Y la tercera vez... es now! Como decía, cinco hundred y un millón...'

'Un millón de qué?'

El businessman realizó que no había hope pa' la paz: 'Un millón de esas things que tú a veces ves en el sky.'

'Moscas?'

'No, esas cosas that shine.'

'Abejas?'

'No. Esas little golden cosas con las que los idlers day-sueñan. Pero no tengo tiempo pa' day-soñar, yo me ocupo de serios matters!'

'Oh! Stars?'

'Sí, that es correcto. Stars.'

'Y qué vas a hacer con cinco hundred millones de stars?'

'Cinco hundred y un millón, seis hundred y veintidós thousand, siete hundred y treinta y dos. Yo me ocupo con serios matters, yo soy muy precise.'

'Y qué haces con esas stars?'

'Qué hago con them?'

'Sí.'

'Nada. Yo las own them.'

'Tú owns las stars?'

'Sí.'

'Pero ya conocí un rey que…'

'Los reyes don't own nada. Ellos "reignan over". No es la misma cosa at all.'

'Y pa' qué sirve que usted own las estrellas?'

'Me hace rich.'

'Y cuál es el use de ser rich?'

'Then yo puedo comprar más stars, si alguien finds any.'

Este hombre razona un poco como el drunkard, pensó el little príncipe.

Pero siguió askin questiones. 'Cómo puede usted own las stars?'

'A quién le pertenecen?' argumentó el businessman, grumpiamente.

'Yo no sé. A nobody.'

'Entonces ellas belong a mí, porque yo pensé en eso primero.'

'Eso es suficiente?'

'Of supuesto. Cuando tu encuentras un diamond que no belongs a nadie, es tuyo. Cuando tu encuentras una island que no belongs to nadie, es tuya. Cuando tú eres el primero to have una idea, tú la patentas: es tuya. Y yo own las stars porque nadie pensó en ownin them antes.'

El little príncipe still no estaba satisfecho.

'Well, si yo tengo una scarf, yo la puedo wind it alrededor de mi neck y usarla. Si tenga una flower, la puedo pick it y take it conmigo. Pero nadie puede pick las stars!'

'No, pero yo puedo ponerlas en el banco.'

'What does that quiere decir?'

'Quiere decir que yo puedo write abajo en una piece de papel cuántas estrellas yo own. Y luego yo lock that piece of papel en un drawer.'

'Y eso es todo?'

'Es suficiente!'

Eso es funny, pensó el little príncipe. *Es rather poético... not una serios business pa' nada.*

Cuando it comes sobre serios matters, el little príncipe tenía muy diferentes ideas de los grown-ups.

'Well,' él dijo, 'yo tengo una flower a la que yo le doy agua every día. Tengo tres volcanos que yo chimney-barro cada semana. Porque también barro el que está extincto. Uno nunca sabe. Es bueno pa' mis volcanos y es bueno pa' mis flowers que yo las own them. Pero usted no es bueno pa' las stars.'

El busisnesman abrió su mouth, pero no puedo pensar en anythin pa' decir, so el little príncipe se fue.

Los grown-ups en verdad son muy utternamente extraordinarios, museó mientras continuaba en sus journeys.

XIV

El quinto planet era muy odd. Era el más small de todos. Solamente había room pa' un lamp post y una lamplighter. El little príncipe simplemente no podía understand la necesidad por un lamp post y una lamplighter en un planet que no tenía ni casas ni people. Still, él reflexionó: 'Este hombre puede ser absurdo. Pero es less abusrdo que el rey, el show-off, el businessman o el drunkard. Por lo menos su trabajo tiene un purpose. Cuando él enciende la lamp, es como si él está haciendo otra star, o una flower. Cuando él puts out la lamp, él manda la flower o la star a dormir. Es un very nice trabajo. Es muy useful porque es muy nice.'

Mientras él approacheaba el planet, él greeted al lamplighter politemente: 'Hello. Por qué tú has just put out tu lamp?'

'Esas son mis órdenes,' replayó el lamplighter. 'Hello.'

'Cuáles son tus órdenes?'

'Poner out mi lamp. Good-noches.'

Y él la re-lit it.

'Pero por qué la re-lits it just ahora?'

'Esas son mis órdenes,' replayó el lamplighter.

'Yo no entiendo,' dijo el little príncipe.

'No hay nada que entender,' dijo el lamplighter. 'Órdenes son órdenes. Hello.'

Y puso out su lamp.

Entonces él moppeó su forehead con un red-checked pañuelo.

'Mi trabajo es muy terriblemente hard. It used to ser simple. Yo apagaba la lamp en la mañana y la encendía en el evenin. Yo tenía el resto del día pa' relaxarme, y el resto de la noche pa' dormir.'

'Y han cambiado tus órdenes?'

'Mis órdenes no han cambiado,' dijo el lamplighter. 'Y ese es el problema! Cada año el planet spins más fast pero mis órdenes no han cambiado!'

'So?' dijo el little príncipe.

'So ahora que el planet revolvéa once cada minuto, yo no tengo un moment de recreo. Yo enciendo la lamp y la apago once cada minuto!'

'Eso es funny! Los días en tu planet last un minuto.'

'No es funny pa' nada,' dijo el lamplighter. 'Nosotros already ya hemos estado chateando por un mes.'

'Un mes?'

'Es un terrible job.'

'Sí, treinta minutos. Treinta días! Good-noches.'

Y él re-lit la lamp.

El little príncipe lo watcheó y le cayó bien este lamplighter que seguía sus órdenes tan faithfully. Él pensó en los anocheceres de su propio planet que él used to watchear by simplemente mover su silla, y él quería ayudar a su amigo: 'Tu sabes... Yo can think of un way que podrías restear when tu quisieras...'

'Yo quiero restear todo el tiempo,' dijo el lamplighter.

Extrañamente, una persona puede ser al mismo tiempo faithful a su trabajo y lazy también.

El little príncipe continuó: 'Tu planet es so tinico que tú puedes caminar alrededor de él en tres strides. Todo lo que necesitas hacer es caminar slowlemente pa' que siempre estés dándole el lado al sun. Cuando quieras restear, tú camina... y el daylight restará tanto como you want to.'

'Eso no ayuda mucho,' dijo el lamplighter. 'Lo que más me gusta es dormir.'

'That is mala suerte,' dijo el little príncipe.

'That is mala suerte,' dijo el lamplighter. 'Hello.'

Mientras el little príncipe continuaba en su journey, él pensó que todos los otros—el rey, el show-off, el drunkard y el busnessman—se apenarían de este hombre. *And yet él es la única persona que yo no find ridiculousa. Maybe es porque él está lookin después de somethin other than él mismo.*

Dio un sight de regret y pensó: *Este hombre es el único que hubiera podido ser mi amigo. Pero su planet es really muy small. No hay room pa' los dos.*

Lo que el little príncipe did not dare de admitir pa' sí mismo era que el main appeal de ese particular planet eran sus catorce hundred y cuarenta anocheceres, cada veinticuatro horas!

XV

El sexto planet era ten veces más big. Estaba inhabitado por un elderly caballero que escribía huge books.

'Well, well! Un explorer!' él gritó cuando vió al little príncipe.

El little príncipe percheó en la mesa y got su breath de regreso. Él ya había viajado such a largo camino!

'De dónde you vienes?' el elderly caballero le preguntó.

'Qué es ese big fat book?' dijo el little príncipe. 'Qué está usted haciendo?'

'Yo soy un geographer,' dijo el elderly caballero.

'Qué es un geographer?'

'Un scholar que sabe dónde están los seas, los ríos, los towns, las mountains, y los desiertos.'

'Eso es muy interesante indeed,' dijo el little príncipe. 'Now ese, al fin, es un real trabajo!' Y él glanceó alrededor al planet del geographer. Nunca antes él había come across such a magnificente planet.

'Tu planet es muy beautiful. Tiene algún ocean?'

'Yo no tengo way de saber,' dijo el geographer.

'Oh!' El little príncipe estaba disappointeado. 'Y mountains?'

'Yo no tengo way de saber,' dijo el geographer.
'Y qué about ciudades y ríos y desiertos?'
'Yo no tengo way de saber either,' dijo el geographer.
'Pero tú eres un geographer!'
'Eso es correcto!,' dijo el geographer, 'pero no soy un explorer. Estoy desesperadamente en necesidad de explorers. No es el job de un geographer contar todas las ciudades, los ríos, las mountains, los seas, los océanos y los desiertos. Él es muy too importante pa' ir stroleando about. El geographer nunca leaves su escritorio. Pero los explorers vienen a verlo. Él los questiona y nota what ellos le dicen. Y si uno de ellos le dice algo interestin, el geographer tiene el carácter investigador del explorer.'

'Por qué?'

'Porque un explorer que dice mentiras sería un desastre pa' los geography books. And igual un explorer que toma demasiado.'

'Por qué?' preguntó el little príncipe.

'Porque los drunkards ven doble. So los geographers would incluir two mountains cuando in fact solamente hay una.'

'Yo conozco a alguien que would not be bueno pa' ser un explorer,' dijo el little príncipe.

'Ese puede ser el caso. So when el explorer parece ser un buen carácter, nosotros investigamos su discovery.'

'Usted va y lo ve?'

'No. Eso es too complicado. Pero le pedimos al explorer que provée evidencia. For ejemplo, si él ha descubierto una gran mountain, le pedimos que traiga grandes rocks.'

El geographer suddenmente se puso excitado.

'Pero tú vienes de un far away lugar! Tú eres un explorer. Vas a contarme sobre tu planet?'

Y al decir esto, el geographer abrió su register y sharpeneó su lápiz. Los accounts de los explorers se escriben con lápiz al prinipio. Una vez que el explorer haya provideado evidencia, entonces se escriben con ink.

'Well?' preguntó el geographer.

'Oh, mi planet no es de mucho interés,' dijo el little príncipe. 'Es tinito. Tengo tres volcanos. Dos son active y uno es extincto. Pero uno nunca sabe.'

'Uno nunca sabe,' fijo el geographer.

'Yo también tengo una flower.'

'Nosotros no recordeamos flowers,' dijo el geographer.

'Por qué no? Ellas son las más pretty cosas que hay.'

'Porque las flowers son ephemeral.'

'Qué quiere decir "ephemeral"?'

'Los books de geography,' dijo el geographer, 'son los books más importantes de todos. Ellos nunca se hacen outdated. Es muy raro pa' una mountain moverse. Es muy raro pa' un océano secarse. Nosotros recordeamos factos permanentes.'

'Pero los extinctos volcanos se pueden despertar,' anunció el little príncipe. 'Qué quiere decir "ephemeral"?'

'Whether un volcano es extincto o vivo makes no diferencia pa' nosotros,' dijo el geographer. 'Lo que importa pa' nosotros es la mountain. Ella no cambia.'

'Pero qué quiere decir "ephemeral"?' repitió el little príncipe, que una vez que hacía una question, nunca dejaba que el matter dropeara.

'Quiere decir "likely to morirse very pronto".'

'Mi flower se va a morir very soon?'

'Of supuesto.'

Mi flower es ephemeral, pensó el little príncipe. *Y ella solamente tiene four thorns pa' protectión. And yo la he dejado sola.*

Ese fue el primer pang de regret. Pero él se perkeó pa' arriba: 'Qué es lo que me recomienda que visite?'

'El planet Earth,' repeleó el geographer. 'Tenemos buenos reports de él.'

Y el little príncipe se fue, pensando en su flower.

XVI

Y así el séptimo planet fue Earth.

Earth no es cualquier viejo planet. En total tiene one hundred y once reyes, siete thousand geographers, nueve hundred thousand businessmen, siete y medio millón de drunkards y tres hundred y once millones de show-offs. En otras palabras, unos dos billion de grown-ups.

Pa' darte una idea de la size de Earth, déjame decir, for ejemplo, que antes que la electricidad haya sido invented, era esencial mantener un army de cuatro hundred y sesenta y dos thousand, cinco hundred y once lamplighters across todos los seis continentes.

Visto a distancia, el efecto era magnífico. El movimiento de todo este army era choreographeado comos esos de un ballet de danzantes en una ópera compañía. Primero era el turno de los lamplighters de New Zealand y Australia. Luego, con sus lamps lit, ellos se iban a dormir. Next los lamplighters de China y Siberia joined la danza antes de que ellos too recogieran sus wings. Luego vino el turno de los lamplighters de Russia e India, followdeados por los de África y Europa. Luego los de Sud América. Luego los de Nord América. Y nunca hacían un mistake en su orden de aparición en el stage. Era magnificente.

Solo el lamplighter de una lamp en el Norte Polo y su fellow lamplighter de una lamp en el Sur Polo llevaban carefree vidas de idleness: ellos trabajaban solamente dos veces al año.

XVII

A veces, cuando los people quieren sonar clever, ellos make cosas up. Yo no fui completamente truthful cuando hablé de los lamplighters. Quizás yo pinté una pintura falsa de nuestro planet a esos que no lo conocen. Los people actualmente ocupan muy poco espacio en la Earth. Si los inhabitantes de Earth estuvieran crameados juntos, ellos fácilmente cabrían en un público square de twenty millas de largo y tweny millas de ancho. Toda la raza humana podría squeezearse en la más tinita de las Pacific Islas.

Los grown-ups, por supuesto, no te van a creer. Ellos creen que ellos take mucho más espacio. Ellos creen que son tan grandes como baobabs. Pero entonces tú les pides que hagan las sumas. Les encantan las cifras: a ellos les gusta que les pidan hacer esas cosas. Pero no wastées el tiempo en esos chores. No hay un point. Trustéame.

Una vez que el little príncipe llegó a Earth, estaba muy sorprendido de no ver a ningún people. Él ya estaba empezando a worriarse que estaba en el wrong planet, cuando un luna-colored coil se agitó en la arena.

'Good-tarde,' venturó el little príncipe en el oft-chance.

'Good-tarde,' dijo lel snake.

'En qué planet he landeado?' preguntó el little príncipe.

'En Earth, en África,' replayó el snake.

'Oh!... So no hay people en Earth?'

'Este es el desierto. No hay people en los desiertos. Earth es muy grande,' dijo el snake.

El little príncipe se sentó en una rock y fazeó arriba al sky. 'Yo me pregunto,' él dijo, 'whether las stars están lit arriba pa' que cada persona can be able de encontrar su propia star. Mira mi planet. Está just encima de nosotros... pero look lo lejos que parece!'

'Es beautiful,' dijo el snake. '¿Qué estás haciendo here?'

'Estoy teniendo un spot de bother con una flower,' dijo el little príncipe.

'Oh!' dijo el snake.

Y se quedaron en silencio.

'¿Dónde están todos los people?' dijo el little príncipe al final. 'Es un poco lonely en el desierto.'

'Es lonely entre los people también,' dijo el snake.

El little príncipe gazeó a él pensativamente: 'Tú eres una creatura strange,' él dijo eventualmente, 'tan slim como un dedo...'

'Pero soy más powerful que el dedo de un rey,' dijo el snake.

El little príncipe sonrió. 'Tú no eres muy powerful... ni siquiera tienes feet... ni siquiera puedes viajar.'

'Yo puedo ir más lejos que un ship,' dijo el snake. Él se encogió alrededor del pie del little príncipe, como un golden anklet: 'A los que yo toco, yo los devuelvo al dust del que ellos came,' le dijo. 'Pero tú eres pure y vienes de una star.'

El little príncipe no replayó.

'Yo me siento sorry por ti, eres tan defenseless en esta cruel Earth,' dijo el snake. 'Si te sientes homesick por tu planet un día, yo te puedo ayudar. Yo puedo...'

'Tú eres una creatura strange,' él dijo eventualmente, 'tan slim como un dedo...'

'Oh! Yo entiendo perfectamente well,' dijo el little príncipe. 'Pero por qué siempre hablas en riddles?'

'Yo los resuelvo todos,' dijo el snake.

Y cayeron en silencio.

XVIII

El little príncipe cruzó el desierto y se encontró solamente con una plant. Una plant con tres petals, una tinita plant.

'Hello,' dijo el little príncipe.

'Hello,' dijo la flower.

'Dónde están todos los people?' el little príncipe enquirió politemente.

La flower había visto una vez una caravan pasar: 'Todos los people? Hay unos pocos, I think, six o seven. Los glimpsié hace años. Pero uno nunca sabe dónde to find them. El viento los blowlea. No tienen roots, which les causa muchos problemas.'

'Goodbye,' dijo el little príncipe.

'Goodbye,' dijo la flower.

XIX

El little príncipe climbeó al peak de una alta mountain. Las únicas mountains que él había visto hasta entonces eran los tres volcanos y esos solo llegaban a sus knees. Y él usaba el extincto volcano como un stool. De lo alto de una mountain como ésta, él pensó, *yo voy a poder ver todo el planet junto y a todos los people.* Pero no podía ver anythin salvo quebradas y rocosas peaks.

'Hello,' él dijo en el off-chance.
'Hello... Hello... Hello...' replayó el eco.
'Quién eres?' dijo el little príncipe.
'Quién eres... quién eres... quién eres,' replayó el eco.

'Sé mi amigo, estoy todo solo,' él dijo
'Todo solo... Todo solo... Todo solo...' replayó el eco.

Qué planet más funny, él pensó. *Está todo dry, y todo pointed, y todo salty. Y los people no tienen imagination. Ellos repeated todo lo que you dice... En casa yo tenía una flower: ella siempre hablaba first.*

XX

At last, habiendo trotado durante ages por la sand, los rocks y la snow, el little príncipe llegó a una road. Todas las roads convergen en lugares con people.

'Hello,' él dijo.

Él estaba parado frente a un garden lleno de rosas en bloom.

'Hello,' dijeron las rosas.

El little príncipe las miró. Todas se parecían a su flower.

'Quiénes son ustedes?' les preguntó asombrado.

'Somos rosas,' dijeron las rosas.

'Oh!' dijo el little príncipe.

Se sintió muy unhappy. Su flower le había dicho que ella era la only one de su kind en todo el universo. Y ahora, aquí habían cinco thousand, todas the same, en un único garden!

Ella estaría muy upseteada si viera esto, él pensó. *Ella va a caughear mucho y a pretender to die pa' no parecer estúpida. Y yo voy a tener que pretender que la voy a cuidar, otherwise ella actualmente se va a dejar morir, pa' annoyarme.*

Qué planet más funny, él pensó. Está todo dry, y todo pointed, y todo salty.

Luego, inwardmente, él agregó: '*Yo pensé que yo era lucky por tener una flower, pero todo lo que tengo es una ordinaria rosa. Eso y mis tres knee-high volcanos, uno de los which es probablemente extincto. Eso no me hace mucho un príncipe.* Y tirándose a sí mismo down al grass, él lloró.

XXI

Entonces fue cuando el fox apareció: 'Hello,' dijo el fox.

'Hello,' replayó el little príncipe politemente. Él se volteó pero él no pudo ver nada.

'Aquí estoy,' dijo la voz. 'Debajo del apple árbol.'

'Quién eres?' dijo el little príncipe. 'Eres muy pretty.'

'Soy el fox,' dijo el fox.

'Ven a jugar conmigo,' anunció el little príncipe. "Estoy muy triste.'

'No puedo play contigo,' dijo el fox. 'Yo no estoy tame.'

'Oh! Perdón,' dijo el little príncipe. Pero al reflexionar, él preguntó: 'Qué quiere decir "tame"?'

'Tú no eres de por acá,' dijo el fox. 'Qué andas buscando?'

'Estoy buscando people,' dijo el little príncipe. 'Qué quiere decir "tame"?'

'Los people,' dijo el fox, 'tienen armas de fuego y ellos cazan. Es una verdadera nuisance! Ellos también breedean chicken. Eso es todo en lo que ellos están interesados. Estás buscando chicken?'

'No,' dijo el little príncipe. 'Estoy buscando amigos. Qué quiere decir "tame"?'

'Es algo too fácilmente olvidable,' dijo el fox. 'Quiere decir "creando un bond".'

'Creando un bond?'

'Eso es right,' dijo el fox. 'Pa' mí, tú eres solamente un little boy exactamente como los hundred thousand otros little boys. Yo no te need you, y tú no me needs a mí. Pa' ti, yo soy un fox que es exactamente como los otros hundreed thousand foxes. Pero si tu me tameas, nosotros vamos a necesitarnos each other. Pa' mi, tú eres absolutamente unique, y pá ti, yo seré absolutamente unique.'

'Estoy beginnin a entender,' dijo el little príncipe. 'Hay una flower... Yo no creo que ella me tameó.'

'Es posible,' dijo el fox. 'En Earth uno ve todo tipo de cosas.'

'Oh! No es en Earth,' dijo el little príncipe.

El fox pareció greatemente intrigado. 'En otro planet?'

'Sí.'

'Hay hunters en ese planet?'

'No.'

'Muy interestin! Y hay chicken?'

'No.'

'Ningún lugar es perfect,' sighteó el fox.

Y el fox continuó: 'Mi vida es aburrida. Yo cazo chicken, y los hombres me huntean. Todos los chicken son iguales y todos los hombres son iguales. So estoy un little aburrido. Pero si tú me tameas, yo voy a traer sunshine a tu vida. Yo voy a poder reconocer tus footsteps entre los de los demás. Los footsteps de los otros me empujan al underground. Los tuyos yo sé que me sacarán afuera de mi lair, como la música. Y mira! Ves allá los campos de wheat? Yo nunca como pan. El wheat no es de ningún uso pa' mí. Los campos de wheat no me inspiran a nada. Y eso es triste! Pero tú tienes cabello color de gold. So será muy wonderful cuando tú me tamées! El golden wheat me recordará de ti. Y el sonido del wind acariciando el wheat me va a poner happy.'

El fox dejó de hablar y miró al little príncipe por un long rato. 'Please, taméame!' le dijo,

'A mí me gustaría hacerlo,' replayó el little príncipe, 'pero yo no tengo mucho tiempo. Tengo que encontrar amigos y tengo muchas cosas que understand.'

'Tú solamente puedes understand las cosas que tú tameas,' dijo el fox. 'Los people ya no tienen tiempo de understand nada. Compran cosas que son ready-hechas de los shops. Pero como no hay shops que vendan amigos, los people ya no tienen amigos. Si quieres un amigo, taméame.'

'Qué tengo que hacer?' dijo el little príncipe.

'Tienes que ser muy patient,' replayó el fox. 'Siéntate en el grass un little lejos de mí, así. Yo te voy a watchear desde la corner de mi ojo. Tú no tienes que decir nada. La language es una source de misentendimiento. Cada día tú te puedes sentar un poco closer.'

El little príncipe retornó el próximo día.

'Hubiera sido better si hubieras venido a la misma hora,' dijo el fox. 'Si viens a las cuatro o'clock en la tarde, then desde las tres o'clock yo voy a empezar a estar happy. Mientras más tarde vengas, yo estaré más happy. A las cuatro o'clock yo ya already voy a estar poniéndome agitated y worried. Voy a descubrir el precio de la happiness! Pero si vienes a cualquier ol' hora, yo nunca voy a saber cuándo sentirme alegre en mi heart... Necesitamos rituales.'

'Qué es un ritual?' dijo el little príncipe.

'Algo más que es too readily olvidado,' dijo el fox. 'Es lo que hace un día diferente de otro, o una hora diferente de las otras horas. Mis hunters tienen un ritual, for ejemplo. Los jueves ellos danzan con las village mujeres. So los jueves es un día wonderful! Ese día yo me tomo un strol en el vineyard. Si los hunters danzan a cualquier ol' hora, todos los días serían the same, y yo nunca tendría un día off.'

Y así el little príncipe tameó al fox. Y cuando llegó el tiempo pa' que él se fuera: 'Oh!' dijo el fox. 'Voy a llorar.'

'Es tu propia fault,' dijo el little príncipe. 'Yo no quería causarte ningún sorrow, pero tú querías que yo te tameara.'

'Eso es right,' dijo el fox.

'Pero tus vas a llorar!' dijo el little príncipe.

'Si vienes a las cuatro o'clock en la tarde,
then desde las tres o'clock yo voy a empezar a estar happy.'

'Eso es right,' dijo el fox.

'So tú no has ganado nada!'

'Yo he ganado algo—el color del wheat.'

Y luego él agregó: 'Ve a ver las rosas otra vez. Tú realizarás que la tuya es absolutamente unique. Come back y dime goodbye y yo te daré el gift de un secreto.'

El little príncipe fue a ver las rosas otra vez.

'Tú no eres pa' nada como mi propia rosa. No eres especial todavía,' él les dijo.'Nadie te ha tameado, y ustedes no han tameado a nadie. Mi fox used to ser como ustedes. Él era solamente un fox como los hundred thosuand otros foxes. Pero yo lo hice mi amigo, y ahora él es absolutamente unique.'

Y las rosas se sintieron very uncomfortables.

'Ustedes son beautiful, pero ustedes son empty,' él agregó. 'Nadie se moriría por ustedes. Of supuesto, cualquier ordinaria persona caminando al lado de *mi* rosa pensaría que ella es just como ustedes. Pero ella es mucho más importante que todos ustedes juntos, porque ella es a la que yo le di agua, Ella es a la que yo le di shelter bajo un glass dome, ellas es a la que yo protegí con un screen. Ella es por la que yo maté los caterpillars (excepto dos o tres pa' las mariposas). Ella es a la que yo escuché complaineando, o boasteando, o hasta a veces la ví silenciosa. Porque ella es *mi* rosa.'

Y él fue de regreso al fox. 'Goodbye,' le dijo.

'Goodbye,' dijo el fox. 'Este es mi secreto. Tú solamentes ves clearly con tu heart. Las cosas más importantes son invisibles a los ojos.'

'Las cosas más importantes son invisibles a los ojos,' repeteó el little príncipe, so pa' que él estuviera seguro que él iba a remembrear.

'Es el tiempo que pasaste con tu propia rosa lo que hace a la rosa importante.'

'Es el tiempo que pasé con mi rosa...' dijo el little príncipe, so pa' que él estuviera seguro que él iba a remembrear.

Y tirándose a sí mismo down al grass, él lloró.

'Los people han olvidado esta simple truth,' dijo el fox. Pero tú must not olvidarla. Tú eres responsable for ever por los que tú has tameado. Tú eres responsable de tu rosa.'

'Yo soy responsable por mi rosa...' repitió el little príncipe, pa' que él estuviera seguro que él iba a remembrear.

XXII

'Hello,' dijo el little príncipe.

'Hello,' dijo el signalman.

'So qué es lo que usted hace?' dijo el little príncipe.

'Yo sorteo a los passengers en bundles de a thousand,' dijo el signalman. 'A veces mando a los trenes llevándolos a la derecha, y a veces a la izquierda.'

Y un lit-up express tren, rumbleando como un thunder, hizo temblar la signal box.

'Ellos están en un hurry,' dijo el little príncipe. 'Por qué?'

'Los people en el tren mismo no lo saben,' dijo el signalman.

Y un segundo lit-up express tren rumbleó en la dirección contraria.

'Ellos ya vienen de regreso?' preguntó el little príncipe.

'Ellos no son los mismos people,' dijo el signalman. 'Es un exchange.'

'No estaban felices donde estaban?'

'Los people nunca están felices donde están,' dijo el signalman.

Y un tercer lit-up express tren thundereó al pasar.

'Están ellos chaseando a los primeros passengers?' preguntó el little príncipe.

'Ellos no están chaseando nada,' dijo el signalman. 'Ellos están durmiendo allí, o están yawneando. Solamente los niños presionan sus narices contra las ventanas.'

'Solamente los niños saben lo que hacen,' dijo el little príncipe. 'Ellos pueden jugar con una rag muñeca por horas, y la hacen muy importante pa' ellos, so si ella es taken away de ellos, ellos lloran.'

'Ellos son lucky,' dijo el signalman.

XXIII

'Hello,' dijo el little príncipe.

'Hello,' dijo el merchant.

Él vendía clever píldoras que pueden quenchear la thirst. Uno toma una a la semana y tú ya no sientes la necesidad de to drink.

'Por qué vende usted esas píldoras?' preguntó el little príncipe.

'Ellas salvan mucho tiempo,' dijo el merchant. 'Los expertos han hecho las sumas. Una persona ahorra fifty-three minutos a la semana.'

'Y qué haces con esos fifty-three minutos?'

'Tú puedes hacer lo que quieras.'

'Well,' dijo el little príncipe, 'si yo tuviera fifty-three minutos pa' spearear, yo caminaría muy cerca de una fuente p'a tomar agua.'

XXIV

Yo había estado marooneado en el desierto por una semana y el little príncipe me había dicho la historia del merchant mientras yo draineaba la última drop de mi suply de agua: 'Mira aquí,' le dije al little príncipe, 'tus historias son todas all very well, pero yo todavía no he reparado mi plane. Ya no tengo nada left pa' tomar y yo quisiera very much caminar slowlemente a una drinkin fuente también!'

'Mi amigo el fox,' él empezó.

'Mi little hombre, yo no quiero oir más sobre tu fox!'

'Por qué no?'

'Porque nos vamos a morir de thirst.'

Él no podía seguir mi reasonin. Él replicó: 'Es bueno haber tenido un amigo, aunque te vayas a morir. Yo estoy muy contento de haber tenido al fox como mi amigo...'

Él no tiene idea del danger, me dije a mí mismo. *Él nunca tiene hunger o thirst. Un poco de sunshine es todo lo que necesita.*

Pero él me miró y respondió a mi pensamiento.

'Yo también tengo thirst. Vamos juntos a buscar un well.'

Le di un wave dismissiva: es absurdo ir a wandear around en el vasto desierto con el hope de encontrarse con el chance de un well. Pero partimos juntos anyway.

Después de haber caminado por hours, en silencio, la noche cayó y las stars empezaron a shinear. Yo las ví como si en un dream, porque tenía una slight fiebre de haber estado tan parcheado. Las palabras del little príncipe danzaban en mi mente.

'So tú tienes thirst también?' le pregunté.

Pero él no contestó a mi question. Dijo simplemente: 'El agua también puede ser buena pa' el heart.'

Yo no entendí su respuesta, pero me quedé quiet. Yo sabía better que preguntarle questiones.

Él estaba cansado. Él se sentó. Yo me senté a su side.

Después de un silencio, él dijo: 'Las stars son beautiful because of una flower que no podemos ver.'

Yo repliqué: 'Of supuesto,' y gazié el silencio en los folds de la sand debajo de la luna.

'El desierto es beautiful,' él agregó.

Y era true. Yo siempre have loved el desierto. Uno se sienta en una duna de sand. Y uno es nada. No oyes nada. Y yet algo shinéa adelante en el silencio.

'Lo que hace al desierto más beautiful,' dijo el little príncipe, 'es que esconde un well en alguna parte.'

To mi sorpresa, de pronto entendí el mysterios radiance concealeada en la sand. Cuando yo era un little boy, yo viví en una ol' casa, y una leyenda decía que había un treasure enterrado there. Of supuesto, nadie nunca lo había found it, o perhaps nadie jamás lo había looked por él. Pero el little treasure enthraleó a todo el household. La casa tenía un secreto escondido deep en su heart.

'Sí,' le dije al little príncipe, 'whether es una casa, las stars o el desierto, la cosa que los hace beautiful es invisible!'

'Me alegra que tú estés de acuerdo con mi fox,' él dijo.

Cuando mi little príncipe se quedó asleep, yo lo gatherié arriba en mis brazos y empecé a caminar. Yo estaba moved. Yo sentí como si estuviera llevando algo delicate y precioso. Hasta yo sentí como si no hubiera anythin más delicate en Earth. En la moonlight, yo gazié su pálida forehead, sus closed ojos y sus locks de cabello trembleando en el wind, y pensé: *Lo que veo aquí es solamente su shell. La parte más importante es invisible.*

As sus labios partidos formaron una half-sonrisa, me impactó que lo que encontré tan deeply movin del slumbereante little príncipe era su lealtad a una flower. Era la imagen de una rosa que burneaba en él como la flama de una lamp, even cuando él

Él se rió, agarró la robe y operó el polley.

estaba asleep. Y lo sentí even más delicate que antes. Uno tiene que shildear las lamps bien: un gust de viento puede snufearlas.

Y echando pa' delante, yo encontré el well cuando llegó el daybreak.

XXV

'Los people,' dijo el little príncipe, 'se meten en express trenes, pero no saben lo que ellos están lookin for. Entonces ellos crecen restless y van around en círculos.'

Y agregó: 'No vale la pena.'

El well que encontramos no era como otros wells en el Sahara. Los wells en el Sahara son simples holes cavados en la sand. Este se veía como un pueblo well. Pero no había un pueblo cerca y yo pensé que estaba soñando.

'Es odd,' le dije al little príncipe, 'todo aquí, el pulley, la bucket y la rope.'

Él se rió, agarró la robe y operó el polley. Goaneó como un viejo weather vane cuando el viento se levanta después de haber estado asleep por mucho tiempo.

'Oye,' dijo el little príncipe, 'hemos levantado el well y está cansando.'

'Yo no quería que se cansara: 'Déjame hacerlo,' le dije, 'es demasiado heavy pa' ti.'

Slowlemente yo haulié el bucket arriba hacia el rim del well. Lo balancié carefulmente. En mis oídos yo podía todavía oir la canción del pulley, y en el agua trembleante yo podía ver el sun palpitante.

'Tengo thirst,' dijo el lilttle príncipe. 'Déjame tomar agua.'

Y entendí lo que él estaba lookin for!

Llevé la bucket a sus labios. Él bebió, sus ojos cerrados. Era la rewarda más sweet. Esta agua era mucho más que mero nourishment. Había nacido de nuestro viaje bajo las stars, de la canción del pulley, de mis extertions. Era heart-calentadora, como un gift. Cuando yo era un little boy, las luces del Christmas árbol, la música de Mass de medianoche y la warmth de las sonrisas eran todas parte del excitement de recibir un Christmas presente.

'Los people en tu planet hacen crecer cinco thousand rosas en un garden,' dijo el little príncipe, 'pero no encuentran lo que están buscando allí.'

'Ellos no lo encuentran,' yo repliqué.

'Y sin embargo, lo que ellos están buscando lo pueden encontrar en una single rosa o en un little agua.'

'Exactamente,' respondí.

Y el little príncipe agregó: 'Pero los ojos están blind. Uno debe de buscar con el heart.'

Yo me sentía borracho. Estaba respirando fácilmente. La sand al amanecer es del color de la honey. El color de la honey también me hizo sentir happy. Entonces por qué me sentía heavy del corazón?

'Tú tienes que mantener tu promesa,' whispereó el little príncipe, que pa' entonces se había sentado a mi lado once more.

'What promesa?'

Tú sabes, una muzzle pa' mi little lamb. Yo soy responsable por esa flower!'

Yo saqué mis rough dibujos de mi bolsillo. El little príncipe flickereó a través de ellos y dijo, laugheante: 'Tus baobabs parecen cabbages.'

'Oh!' Y yo estaba tan orgulloso de mis baobabs!

'Tu fox... sus orejas... son un poco como cuernos... y están demasiado largas!' Y se laugheó otra vez.

'Tú estás siendo unfair, little hombre, yo nada más sabía cómo dibujar un elephant en una boa constrictora.'

'Oh! Estará todo all right,' él dijo, 'los niños entienden.'

So yo esketché un muzzle. Y tuve un sentido de forbodin cuando se lo di a él: 'Tú ya tienes planes que yo no conozco...'

Pero él no respondió. Él dijo: 'Tú sabes, mi caída a Earth. Mañana es el aniversario...'

Luego, después de un silencio, él agregó: 'Yo landié muy cerca de este spot.'

Y él se redió.

Y otra vez, sin understand por qué, sentí un extraño sorrow. Pero había una question que se me ocurrió a mí: 'So no es una coincidencia que, la mañana que te conocí, una semana atrás, tú estabas wandereando around, todo solo, millas y millas de anywhere! Tú ibas a ir al mismo lugar adonde tú habías landed?'

El little príncipe se puso red otra vez.

Y yo agregué, hesitando: 'Porque, perhaps, era el aniversario?'

El little príncipe se puso red otra vez. Él nunca contestaba questiones, pero cuando los people se ponen red, eso quiere decir que sí, o no?

'Oh!' Yo dije. 'Tengo miedo de que....'

Pero él replicó: 'Now tú tienes trabajo que hacer. Tienes que volver a tu engine. Yo te esperaré aquí. Ven de regreso tomorrow en la noche.'

Pero yo no estaba seguro. Recordé al fox. Once que te has dejado tamear, corres el riesgo de sentir tristeza...

XXVI

Al lado del well había una crumblin, ancient pared de piedra. La próxima noche, cuando regresé de mi trabajo, yo ví a mi little príncipe en la distancia, percheado en la wall. 'No te acuerdas?' él decía. 'Acaso no es aquí exactamente?'

Alguien sin duda replicó, porque oí al little príncipe argumentando: 'Sí, es aquí. Sí, aquí es. Y es el día correcto, aunque puede que éste no sea el lugar correcto.'

Yo continué caminando hacia el well. Todavía no podía ni oir ni ver a nadie. Pero el little príncipe estaba hablando otra vez: '... Of supuesto. Tú puedes ver en dónde empiezan mis footprints en la sand. Lo único que tienes que hacer es esperar. Yo estaré allí esta noche.'

Yo estaba a veinte metros del well y todavía no podía ver a nadie.

El little príncipe dijo otra vez, después de un silencio: 'Es tu venom potente? Estás seguro de que no me vas a hacer sufrir por mucho tiempo?'

Entonces yo llegué a un halt. Mi heart estaba lleno de dread. Pero yo still no podía entender. 'Ahora vete,' él dijo, 'porque yo me quiero bajar!'

Di un glance al foot de la wall y empecé de nuevo. Allí, acercándose al little príncipe, estaba uno de los amarillos snakes que matan en treinta segundos. Fumbleando en mi pocket por mi pistola, yo corrí hacia él. Con el ruido que hice, el snake gentilmente se escabulló como un stream de agua sinkeándose en la sand y anguishmente surcó su camino entre las rocks con un soft, raspeante sound. Llegué a la wall justo a tiempo pa' catchar a mi little príncipe, que estaba pálido como la snow.

'Qué diablos estás tramando? Hablas ahora con los snakes?'

Unwandié la dorada scarf que él siempre usaba en su neck. Le humedeí los temples y le di un poco de agua. No me atrevía a preguntarle nada más. Él me gazeó solemnemente y puso sus brazos alrededor de mí. Yo podía sentir su corazón palpitando como el de un dyin pájaro que ha sido shoteado. Él me dijo: 'Me alegra que hayas encontrado what you needed pa' tu engine. Podrás irte a casa ahora...'

'Cómo sabes?'

Eso era exactamente lo que había venido a decirle—que, against todos los odds, yo había logrado reparar mi plane!

Él no respondió a mi question, pero agregó: 'Yo también, hoy, me voy a casa.'

'Ahora vete,' él dijo, 'porque yo me quiero bajar!'

Luego, wistfulmente, él dijo: 'Es más farther... es más harder.'

Yo estaba perfectamente aware que algo extraordinario me estaba pasando. Lo abracé como a un little niño, pero él parecía echarse verticalmente en el abismo y no había nada que yo pudiera hacer pa' holdearlo otra vez.

Su expresión era solemne, su look vacante: 'Tengo a tu lamb. Y tengo el crate pa' el lamb. Y tengo un muzzle.'

Y sonrió tristemente.

Esperé un largo rato. Lo sentía hacerse más warm gradualmente. 'Little hombre, tú tenías miedo.'

Él había tenido miedo, of supuesto! Pero él sonrió softemente: 'Voy a estar mucho más afraid esta noche.'

Otra vez yo me agité con un sense de lo inevitable. Y realicé que no podía aguantar más la idea de nunca volver a oir ese laugh otra vez. Pa' mí era como el tinklin de un well en el desierto.

'Little hombre, quiero oírte laughear otra vez.'

Pero él dijo: 'Esta noche será un año. Mi star estará solo un poco más arriba del spot desde donde yo caí el año pasado.'

'Little man, dime que este business con el snake y con la star es solamente un mal dream.'

'Sí, lo es.'

'Igual con la flower. Todas las stars tienen flowers.'

'Sí, they do.'

'Igual con el agua. El agua que tú me diste pa' tomar era como la música, por el pulley y por la rope... Te remembreas? Era good.'

'Sí, era good.'

'Tú veías las stars en la noche. Mi planet es muy small pa' que yo pueda señalártelo a ti. Es mejor de esa manera. Mi star será solamente otra star en el sky. De esa manera a ti te va a gustar watchear todas las stars. Van a ser todos tus amigos. Además, te voy a dar un present.'

Él se laugheó otra vez.

'Oh! Little hombre, yo love to oir tu laugh!'

'Y qué es exactamente lo que será mi present… Va a ser como con el agua…'

'Qué quieres decir?'

'Los people tienen stars pero no todas son iguales. Pa' los que viajan, las stars son guides. Pa' algunos, no son otra thing que little luces. Pa' otros, que son scientistas, son problemas. Pa' mi businessman, son gold. Esas stars están silent. Pero tú vas a tener stars que son completely diferentes…'

'Qué quieres decir?'

'Cuando veas el sky en la noche, porque yo estaré livin en una de esas stars, porque estaré laughin en una de ellas, pa' ti será como si todas las stars están laughin al mismo tiempo. Tú vas a tener stars que pueden laughear!'

Y él se laugheó otra vez.

'Y cuando tú hayas encontrado consolatión—como los people tarde o temprano hacen—tú vas a estar glad que me conociste. Siempre serás mi amigo. Tú vas a querer laughear conmigo. A veces tú vas a abrir tu window, así nomás, por el simple pleasure… y tus amigos quedarán astonisheados cuando te vean a tí mirando el sky y laugheando… Entonces tú les vas a decir: "Las stars siempre me hacen reir!" y ellos van a pensar que tú estás mad. Qué mischievuoso truco yo habré jugado contigo.'

Y él se laugheó otra vez.

'Va a ser como si, en vez de stars, yo te habré dado muchas laughin campanas.'

Él se laugheó otra vez. Luego se hizo solemn: 'Esta noche... tú sabes... por favor, no vengas.'

'No te voy a dejar.'

'Yo voy a dar la impresión como si estuviera en pain... Yo voy a dar la impresión como si estuviera dyin. Ese es el way que debe ser. Por favor, no vengas a verme, no vale la pena.'

'No te voy a abandonar.'

Pero él estaba concernado.

'Te estoy diciendo... también es por el snake. No te debe picar... Los snakes son evil. Ellos te pueden picar por el fun of it.'

'No te voy a abandonar.'

Luego él agregó, reafirmado: 'Luckymente, ellos no tienen venom pa' una segunda picada.'

Esa noche, él se escapó delicadamente y yo no lo ví cuando él estaba leavin. Cuando por fin pude catch up con él, estaba caminando purposamente con rápidas strides. De pronto, él me dijo: "Oh! Ya veo que tú estás aquí.'

Y él tomó mi hand. Pero él todavía estaba frekeado. 'Tú no debías venir. Al final vas a estar upseteado. Yo voy a dar la impresión de estar muerto, pero va a ser una broma.'

Yo dije nothin.

'Voy muy lejos. Tú entiendes, o no? Date cuenta que no puedes cargar mi body. Es muy heavy.'

Yo dije nothin.

'Mi body va a ser como un ol' skin que fue saqueada. Las ol' skin nunca están tristes.'

Yo dije nothin.

Él se puso un poco dispiriteado, pero hizo un esfuerzo más: 'Va a estar nice, you know. Yo también voy a watchear las stars. Y las stars van a convertirse en wells con pulleys rusteados. Todas las stars, en unisono, me van a dar agua pa' tomar.'

Yo dije nothin.

'Va a ser wonderful! Tú vas a tener cinco millones de campanas, y yo voy a tener cinco millones de campanas.'

Y él se hizo silent otra también, porque estaba cryin.

'Estamos aquí. Déjame tomar un step por mi own cuenta.'

Y él se sentó porque estaba afraid.

Luego, él dijo: 'Tú sabes... mi flower... Yo soy responsable de ella! Y ella es tan frágil! Ella es tan inocente. Y ella solamente tiene cuatro tinitas thorns pa' su protectión.'

Entonces yo me senté. Mis legs ya no me servían pa' caminar. Él dijo: 'Allí. Eso es...'

Él hesiteó un poco más. Luego él se levantó otra vez. Dio un step hacia adelante. Pero yo estaba enraizado en ese spot.

Había un amarillo flash en la región de su ancle. Él se quedó motionless por un instante. Él se cayó slowlemente al ground como un felleado árbol. Ni siquiera dejó una marca en la sand.

XXVII

Han pasado seis años already. Yo nunca le había contado esta historia a nadie. Mis amigos estuvieron muy happy de verme alive. Yo estaba triste, pero les dije: 'Es exhaustión.'

Now yo he encontrado un poco de consolatión, aunque todavía estoy triste. Pero yo sé que el little príncipe made it de regreso a su planet, porque, en el daybreak, ví que su body no estaba allí. No era un body muy heavy... Y en la night, yo love a listen a las stars. Es como escuchar cinco hundred millones de campanas.

Pero aquí está la cosa extraordinaria: en el muzzle que yo dibujé pa' el little príncipe se me olvidó el strap de piel! Él no hubiera podido ponerlo en el lamb. So yo me wonderéo qué pasó en su planet. Maybe el lamb se comió la flower.

A veces yo pienso: Seguro que no! El little príncipe pone el glass dome sobre la flower cada noche pa' protegerla, y él pone un close ojo en el lamb. So yo estoy happy, y todas las stars laughean softemente.

Él se cayó slowlemente al ground como un felleado árbol.

Otras veces yo me digo a mí mismo: una persona se puede poner distracted y that's it! Una noche él olvidó el glass dome, o el lamb se slippeó sin que él lo noticeara. Entonces todas las campanas se convierten en tears!

Y todo es un huge mysterio. Pa' aquellos de ustedes que love al little príncipe como yo, nada en el universo looks igual, dependiendo de whether, en algún lugar out there, un little lamb se ha comido o no una rosa.

Mira el sky. Pregúntate: 'El lamb se ha comido la flower, si o no?' Y vas a ver cómo everythin es diferente.

Y los grown-ups nunca van a understand lo importante que es eso!

Pa' mí, este es el más beautiful y triste landscape en el mundo. Es el mismo landscape que en la previa página, pero yo lo he dibjudo otra vez pa' mostrártelo. Es aquí que el little príncipe apareció on Earth, y then él disapareció.

Look cuidadosamente a este landscape pa' que estés seguro de reconocerlo si viajas un día al African Desierto. Y, si por suerte pasaras por ese place, te ruego que no te apures, sino que esperes debajo de una star. Si tú te cruzas con un niño de golden cabello que laughea y nunca responde a tus questiones, tú sabrás quién es. Please escríbeme y confórtame pa' decirme que él ha regresado.

»Le Petit Prince« — Edition Tintenfaß

1	Malkuno Zcuro	Aramäisch	ISBN 978-3-937467-15-3
2	Zistwar Ti-Prens	Morisien – Kreol Mauritisch	ISBN 978-3-937467-25-2
3	Mały princ	Obersorbisch	ISBN 978-3-937467-26-9
4	Amiro Zcuro	Aramäisch (Syrisch)	ISBN 978-3-937467-27-6
5	Der glee Prins	Pennsylfaanisch-Deitsch	ISBN 978-3-937467-28-3
6	Lisslprinsn	Älvdalisch	ISBN 978-3-943052-94-7
7	Y Tywysog Bach	Walisisch	ISBN 978-3-937467-36-8
8	Njiclu amirārush	Aromunisch	ISBN 978-3-937467-37-5
9	Kočnay Shahzada	Pashto	ISBN 978-3-943052-48-0
10	Daz prinzelîn	Mittelhochdeutsch	ISBN 978-3-937467-48-1
11	The litel prynce	Mittelenglisch	ISBN 978-3-937467-49-8
12	Am Prionnsa Beag	Schottisch-Gälisch	ISBN 978-3-937467-50-4
13	Li P'tit Prince	Wallonisch	ISBN 978-3-937467-51-1
14	Mali Kraljič	Moliseslavisch	ISBN 978-3-937467-60-3
15	De kleine prins	Drents	ISBN 978-3-937467-61-0
16	Şazadeo Qıckek	Zazaki	ISBN 978-3-937467-62-7
17	Luzzilfuristo	Althochdeutsch	ISBN 978-3-937467-63-4
18	Die litje Prins	Saterfriesisch	ISBN 978-3-937467-64-1
19	Di latje prins	Frasch	ISBN 978-3-937467-66-5
20	De letj prens	Fering	ISBN 978-3-937467-67-2
21	Chan Ajau	Maya Yukatekisch	ISBN 978-3-937467-68-9
22	El' Pétit Prince	Pikardisch	ISBN 978-3-937467-69-6
23	Be þam lytlan æþelinge	Altenglisch	ISBN 978-3-937467-70-2
24	u principinu	Sizilianisch	ISBN 978-3-937467-71-9
25	Ten Mały Princ	Wendisch	ISBN 978-3-937467-72-6
26	El Princhipiko	Ladino	ISBN 978-3-943052-43-5
27	Ël Pëtit Prëce	Borain-Pikardisch	ISBN 978-3-937467-74-0
28	An Pennsevik Byhan	Kornisch	ISBN 978-3-937467-75-7
29	Lou Princihoun	Provenzalisch	ISBN 978-3-937467-91-7
30	Ri ch'uti'ajpop	Maya Kaqchikel	ISBN 978-3-937467-92-4
31	O Prinçipin	Zeneize – Genuesisch	ISBN 978-3-937467-93-1
32	Di litj Prins	Sölring	ISBN 978-3-943052-01-5
33	Al Principén	Parmigiano	ISBN 978-3-943052-02-2
34	Lo Prinçonet	Limousin – Okzitanisch	ISBN 978-3-943052-03-9
35	Al Pränzip Fangén	Bulgnais – Bolognesisch	ISBN 978-3-943052-10-7
36	El Princip Piscinin	Milanesisch	ISBN 978-3-943052-11-4
37	El Principe Picinin	Venetisch	ISBN 978-3-943052-13-8
38	Ke Keiki Aliʻi Liʻiliʻi	Hawaiisch	ISBN 978-3-943052-36-7
39	Li p'tit prince	Wallon Liégeois	ISBN 978-3-943052-45-9
40	Li P'tit Prince	Wallon Central (Namur)	ISBN 978-3-943052-49-7
41	Prispinhu	Kreol Kapverdisch	ISBN 978-3-943052-50-3
42	Lu Principeddhu	Galluresisch	ISBN 978-3-943052-60-2
43	Te kleene Prins	Hunsrückisch (Brasilien)	ISBN 978-3-943052-61-9
44	El mouné Duc	Burgundisch	ISBN 978-3-943052-66-4
45	Rey Siñu	Kreol Kasamansa	ISBN 978-3-943052-74-9
46	Tunkalenmaane	Soninke	ISBN 978-3-943052-80-0
47	•−•• / •−−•• − •• − / •−−•• ••• −•−••	Morse (Französisch)	ISBN 978-3-943052-84-8
48	Lu Principinu	Salentino	ISBN 978-3-943052-85-5
49	El Principén	Pesarese – Bsarés	ISBN 978-3-943052-86-2
50	De kläne Prinz	(Kur-)Pfälzisch	ISBN 978-3-943052-93-0
51	De kloine Prinz	Badisch (Südfränkisch)	ISBN 978-3-943052-91-6
52	Der kleine Prinz / Le Petit Prince	Deutsch / Französisch	ISBN 978-3-943052-92-3
53	De klääne Prins	Westpfälzisch-Saarländisch	ISBN 978-3-943052-97-8
54	Èl pètit Prince	Lorrain – Gaumais d'Virton	ISBN 978-3-943052-99-2
55	Der kleyner prints / Le Petit Prince	Yidish / Frantseyzish	ISBN 978-3-946190-04-2
56	Lè Ptyou Prinso	Savoyard	ISBN 978-3-946190-06-6
57	Al Principìn	Mantovano	ISBN 978-3-946190-07-3
58	Țĕelény Țɔkkwórɔny	Koalib (Sudan)	ISBN 978-3-946190-08-0
59	Ru Prengeparielle	Molisano	ISBN 978-3-946190-09-7
60	The Little Prince	English	ISBN 978-3-946190-10-3
61	Ol Principì	Bergamasco	ISBN 978-3-946190-27-1
62	De Miki Prins / Le Petit Prince	Uropi / Franci	ISBN 978-3-946190-28-8
63	Książę Szaranek	Dialekt Wielkopolski	ISBN 978-3-946190-31-8
64	Da Small Pitot Prince	Hawai'i Pidgin	ISBN 978-3-946190-40-0
65	↓ΞVl ↳l↳↓VI ⌐ⴶ71ᴧᴴVl	Aurebesh (English)	ISBN 978-3-946190-41-7
66	Morwakgosi Yo Monnye	Setswana	ISBN 978-3-946190-42-4
67	El Little Príncipe	Spanglish	ISBN 978-3-946190-43-1
68	Kaniyaan RaajakumaaraH	Sanskrit	ISBN 978-3-946190-44-8